Adult ABC's

Word Searches & Puzzles for Adults

A

```
            I V X M N G U A T
            C I T A B O R C A
            U V S X N M G T T
            E M Y V B O A X A
            U U S I A L I G P
            S A N I T P C T T
            M D G E C F H H C
P P G F I D O E S R D E I P R N U A W O P X N
E A D G P R R B N I Z Z R T R O O A A V G L O
N S A O A S M A F X R S E C O C D Z G D A Y I
A E Z L I P T I A F T E R C A R E I A H Z R S
L X C Z P I P E E L O H S S A O E N S M S G A
P U B N V H M T U A N O R T S S A O N I A N R
R A N E E I A O O S U G N I L I N A T E A A B
I L B C N N L A U X E S O R R E B A B U G C A
A I G A E S I F A B D U C T I O N R T D A F Y
            T A I R T I G H T
            H S R A N A L L R
            O B B O C F E S N
            P C Y A S M F Y P
            G S L A M I N A B
            U A G E P L A Y B
            A U R A L I S M N
```

1. ABDUCTION
2. ABERROSEXUAL
3. ABRASION
4. ABSTINENCE
5. ACROBATIC
6. AFTERCARE
7. AGEPLAY
8. AIRPLANE
9. AIRTIGHT
10. ALPHA
11. ALTERNATIVE
12. AMAZON
13. ANAL
14. ANGRY
15. ANILINGUS
16. ANIMALS
17. ANIME
18. APHRODISIAC
19. ARMBINDERS
20. AROMAS
21. ASEXUAL
22. ASSHOLE
23. ASSTRONAUT
24. AUCTION
25. AURALISM
26. AUTOEROTICISM

B

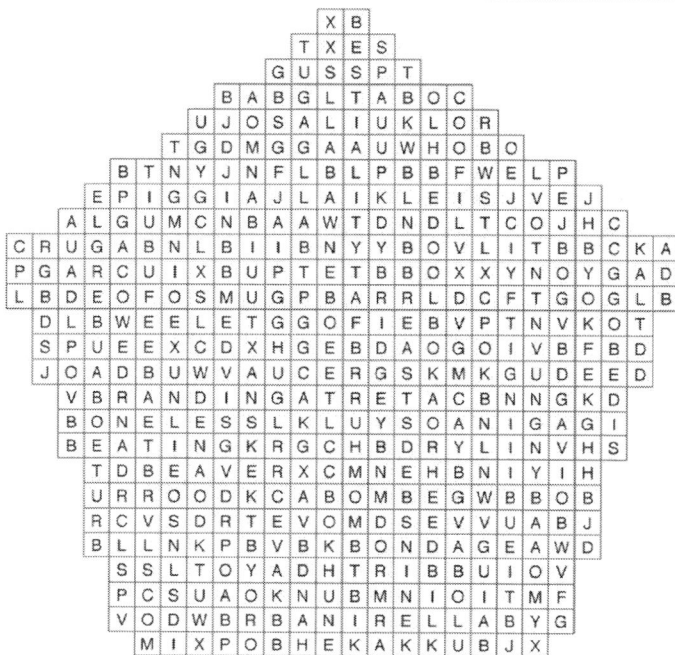

												X	B													
											T	X	E	S												
										G	U	S	S	P	T											
								B	A	B	G	L	T	A	B	O	C									
							U	J	O	S	A	L	I	U	K	L	O	R								
						T	G	D	M	G	G	A	A	U	W	H	O	B	O							
					B	T	N	Y	J	N	F	L	B	L	P	B	B	F	W	E	L	P				
				E	P	I	G	G	I	A	J	L	A	I	K	L	E	I	S	J	V	E	J			
			A	L	G	U	M	C	N	B	A	A	W	T	D	N	D	L	T	C	O	J	H	C		
		C	R	U	G	A	B	N	L	B	I	I	B	N	Y	Y	B	O	V	L	I	T	B	B	C	K	A
	P	G	A	R	C	U	I	X	B	U	P	T	E	T	B	B	O	X	X	Y	N	O	Y	G	A	D
	L	B	D	E	O	F	O	S	M	U	G	P	B	A	R	R	L	D	C	F	T	G	O	G	L	B
		D	L	B	W	E	E	L	E	T	G	G	O	F	I	E	B	V	P	T	N	V	K	O	T	
		S	P	U	E	E	X	C	D	X	H	G	E	B	D	A	O	G	O	I	V	B	F	B	D	
		J	O	A	D	B	U	W	V	A	U	C	E	R	G	S	K	M	K	G	U	D	E	E	D	
		V	B	R	A	N	D	I	N	G	A	T	R	E	T	A	C	B	N	N	G	K	D			
		B	O	N	E	L	E	S	S	L	K	L	U	Y	S	O	A	N	I	G	A	G	I			
		B	E	A	T	I	N	G	K	R	G	C	H	B	D	R	Y	L	I	N	V	H	S			
		T	D	B	E	A	V	E	R	X	C	M	N	E	H	B	N	I	Y	I	H					
		U	R	R	O	O	D	K	C	A	B	O	M	B	E	G	W	B	B	O	B					
		R	C	V	S	D	R	T	E	V	O	M	D	S	E	V	V	U	A	B	J					
		B	L	L	N	K	P	B	V	B	K	B	O	N	D	A	G	E	A	W	D					
		S	S	L	T	O	Y	A	D	H	T	R	I	B	B	U	I	O	V							
		P	C	S	U	A	O	K	N	U	B	M	N	I	O	I	T	M	F							
		V	O	D	W	B	R	B	A	N	I	R	E	L	L	A	B	Y	G							
		M	I	X	P	O	B	H	E	K	A	K	K	U	B	J	X									

1. BACHELOR	14. BEEF	27. BOI	40. BRUTE
2. BACKDOOR	15. BEGGING	28. BONDAGE	41. BUGGER
3. BAGGING	16. BELLY	29. BONELESS	42. BUGGERY
4. BALLERINA	17. BEN-WA-BALLS	30. BOOKS	43. BUKKAKE
5. BALLGAG	18. BESTIALITY	31. BOONDOCKING	44. BULL
6. BARE	19. BIRTHDAY	32. BOOTS	45. BUNKO
7. BBW	20. BISEXUAL	33. BOPPING	46. BUNNY
8. BDSM	21. BIT	34. BOTTOM	47. BUTCH
9. BEACH	22. BITING	35. BOUNCING	48. BUTTPLUG
10. BEAR	23. BLINDFOLD	36. BRANDING	49. NAKED
11. BEATING	24. BLOOD	37. BRAT	
12. BEAUTY	25. BLOWJOB	38. BREASTS	
13. BEAVER	26. BODYGUARD	39. BRIDGE	

C

```
                  N G E T N O S
                G I D J T J K M H R O S X
              A C S A G N C R A L L O C T A G R
            N O I T P E C A R T N O C C O N S E N T R
          C C K D Y Y T I T S A H C C G R A           X
          B U T R L C E G A C B T C O J
        D W N L M O I K T G P U J C C
        X K T W Y X P W G W W J K O
      T N L C I S G E N D E R E D
      G G C O R S E T B O O T R
      Y N J C A E T H S W D M S
    U E I L O C O N T R A C T C
    K N L G N U X C Y O G N A
    Y A P N D U R U C R I M U
    D C U I O M A N H S E T C
    W X O P M W G N E R A S R
    J R C P K J Y I A C I I O
    C C Y U M W X L T U X L S R
      R I C O N X I I T M K S E
      T E R R K F N N T X C D T
      G C A C C J G G I M E C P X
        W L M L T U J N L H S X Y C
        R A A P E S G G E C L R H E U
          E U M I J U X O M J Y E B C M
          N C P E E T N M U X O B W O M H B         W
          R I L U R O B I T S B Y K I I U I T G C M
            O H M H K X W T S D W C M T N U R D H
            C K E L P U O C O U O W K U G C L
              X C L G E W N C H C W W S
                N E W X T M D
```

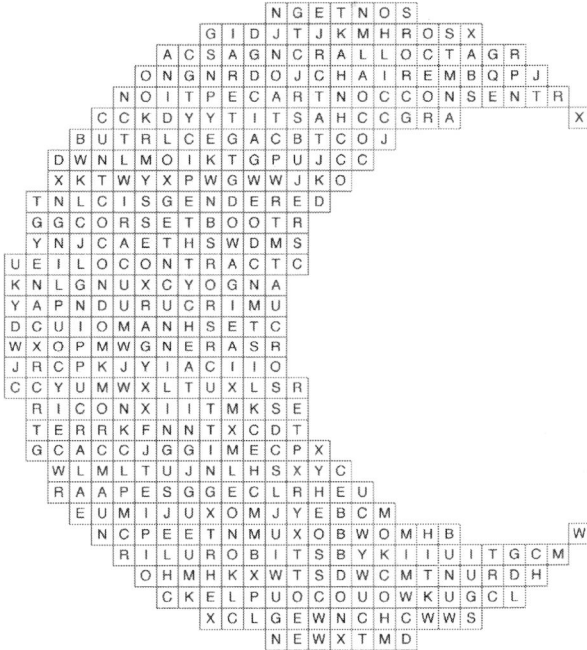

1. CAGE	14. CONDOM	27. CUMMING
2. CAMERA	15. CONSENT	28. CUNNILINGUS
3. CANE	16. CONTRACEPTION	29. CUNT
4. CHAIR	17. CONTRACT	30. CUPPING
5. CHASTITY	18. CORNER	31. CUTTING
6. CHEATING	19. CORSET	32. CYBERSEX
7. CHECKLIST	20. COSTUME	
8. CIRCLEJERK	21. COUPLE	
9. CISGENDERED	22. COUPLING	
10. CLAMP	23. COWBOY	
11. COCK	24. CREAMPIE	
12. COITUS	25. CROP	
13. COLLAR	26. CROSS	

D

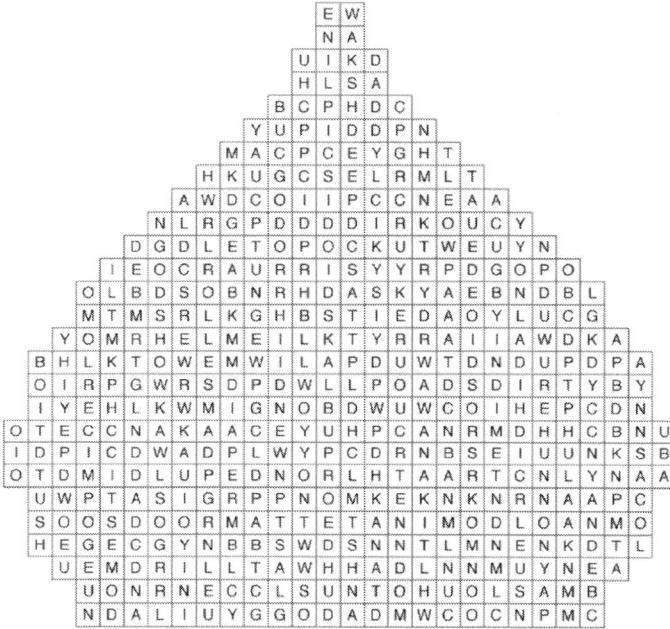

								E	W								
								N	A								
							U	I	K	D							
							H	L	S	A							
						B	C	P	H	D	C						
					Y	U	P	I	D	D	P	N					
				M	A	C	P	C	E	Y	G	H	T				
			H	K	U	G	C	S	E	L	R	M	L	T			
		A	W	D	C	O	I	I	P	C	C	N	E	A	A		
	N	L	R	G	P	D	D	D	D	I	R	K	O	U	C	Y	
D	G	D	L	E	T	O	P	O	C	K	U	T	W	E	U	Y	N

(Pyramid-shaped word search grid)

1. DADDY
2. DAMSEL
3. DANCER
4. DEEP
5. DEEPTHROAT
6. DIAPER
7. DILDO
8. DIRTY
9. DISCIPLINE
10. DISTRESS
11. DOGGY
12. DOLL
13. DOMESTIC
14. DOMINANT
15. DOMINATE
16. DOORMAT
17. DOUBLE
18. DOUCHE
19. DOWNSTROKE
20. DRILL
21. DROP
22. DUNGEON

E

O																													K
J	O																										O	S	
B	I	V																							A	L	B		
E	H	V	E																				L	I	U	A			
S	X	C	B	A																		I	N	T	P	E			
D	E	H	P	E	R																V	P	N	O	M	K			
K	K	U	I	U	C	P														E	J	E	I	O	G	D			
E	B	I	K	B	P	S	L												V	Y	M	F	T	N	K	R			
R	T	E	Y	Y	I	G	T	U										B	E	E	M	I	I	R	K	Y			
E	E	A	Y	A	E	T	L	A	G								M	F	V	E	O	H	U	X	Y	L			
G	E	L	L	I	L	N	I	K	S	S						A	P	A	C	N	T	E	E	D	M	G			
A	D	C	G	U	S	P	E	O	N	Y	R			F	E	L	I	A	Y	C	M	L	S	R	Y				
E	G	O	R	A	C	U	E	M	N	M	M	E	S	I	S	V	L	R	C	M	B	L	U	B	F				
S	I	Y	I	N	E	A	E	G	A	I	R	L	I	D	N	N	Y	E	E	N	O	O	A	X	O	V	I		
D	N	T	G	C	L	E	J	M	D	O	S	D	G	V	E	D	D	V	R	T	N	S	R	P	N	G	M		
N	G	I	B	D	T	J	T	E	T	E	M	M			J	S	E	M	G	A	O	B	R	P	E	E	E		
U	N	C	T	S	C	X	J	I	N	A	A				T	O	C	J	M	I	A	A	Y	G	N	C			
U	G	I	E	P	I	F	C	E	A	S					D	P	P	D	T	A	S	P	O	D	I				
S	N	R	G	A	T	A	L	J	U						A	X	O	C	N	S	P	R	O	D					
I	I	T	O	P	O	X	F	K							U	E	E	I	M	X	E	R	U							
K	K	C	Y	G	X	G	E								E	R	Y	E	U	K	P	J								
C	C	E	R	G	E	R									E	E	N	V	X	H	K									
F	U	L	A	G	O										R	T	V	C	I	B									
M	F	E	T	T											Y	O	E	N	S										
Y	E	H	I												B	N	S	O											
M	Y	C													S	E	L												
F	E														S	O													
A															K														

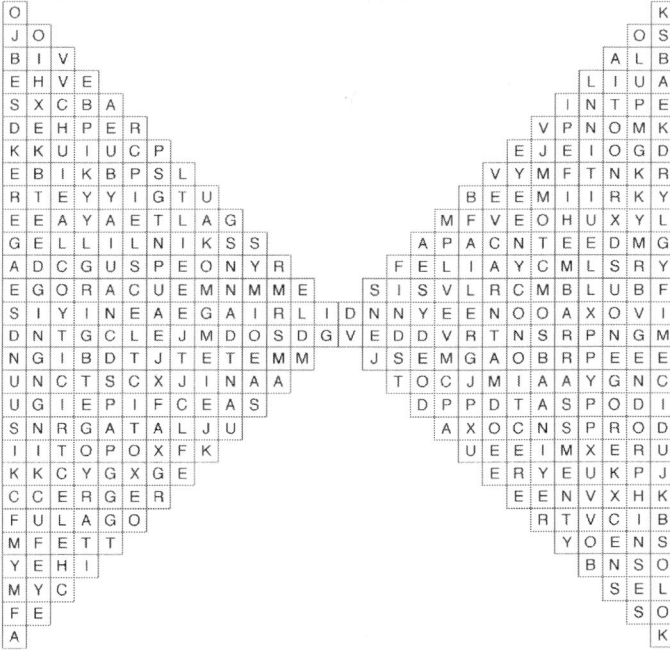

1. EAGER
2. EAGLE
3. EARPLUGS
4. ECSTASY
5. EDGEPLAY
6. EDGING
7. EJACULATE
8. ELECTRICITY
9. EMBARRASSMENT
10. EMOTIONAL
11. ENDORPHINS
12. ENEMA
13. ENSLAVEMENT
14. ERECTION
15. EROGENOUS
16. EROTIC
17. EROTICA
18. ESTEEM
19. EVERYTHING
20. EVIL
21. EXHIBITIONISM
22. EXOTIC
23. EXPOSED
24. EYE-FUCKING

F

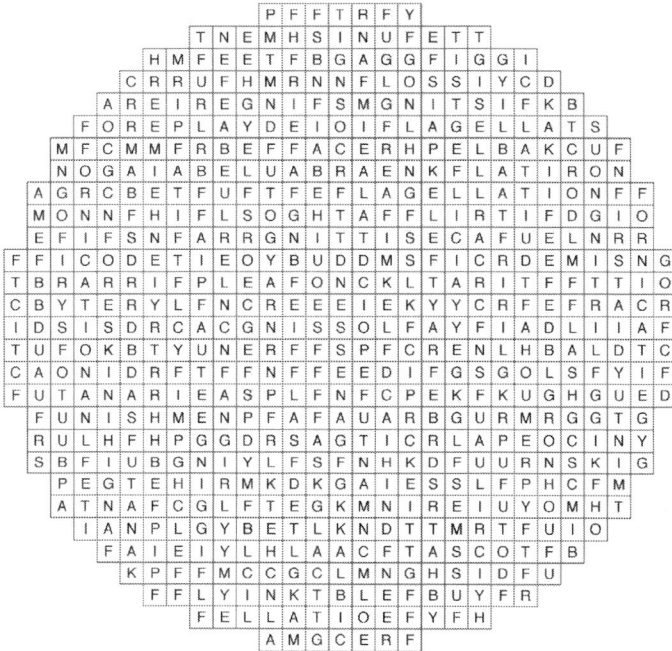

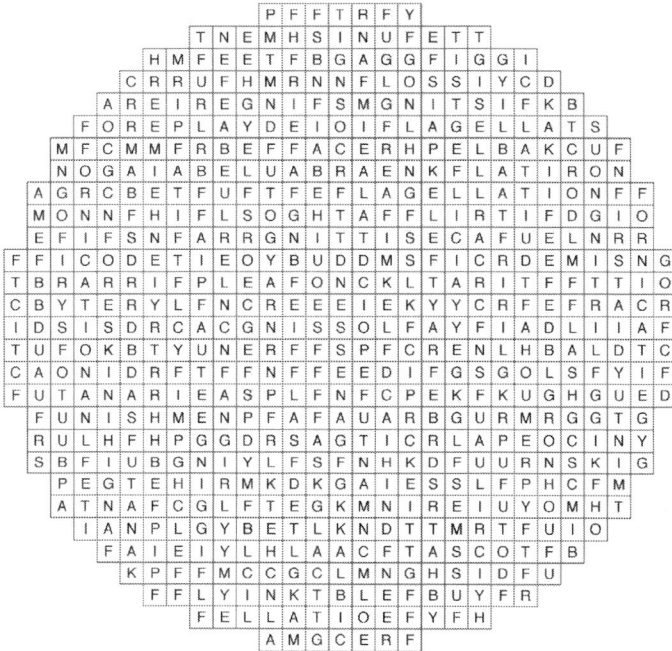

1. FACE
2. FACESITTING
3. FANGIRL
4. FANTASY
5. FATHER
6. FEAR
7. FEEDING
8. FEET
9. FELCH
10. FELLATIO
11. FEMALE
12. FETISH
13. FIGGING

14. FINGERING
15. FIRE
16. FIRST-AID
17. FISTING
18. FLAGELLATION
19. FLASH
20. FLATIRON
21. FLIRTING
22. FLOGGER
23. FLOSSING
24. FLUFFER
25. FLYING
26. FOREPLAY

27. FORESKIN
28. FORNICATION
29. FRENCH
30. FRIEND
31. FROGGY
32. FUCKABLE
33. FUNISHMENT
34. FURRY
35. FUTANARI

G

```
O H G L O R Y H O I Y R T N A L L A G K G A N G B A U
G E N I T O R T G E N T L E E F R V O K G B G O V C V
I A P W G M V Y K G P L B M S I G K C O F I G L S P W
G L U T B A I G I F I W P C U V O L L G N A P D G A V
L R A N G D M D O F G O G U O I R I B G M K E N G H W
E P O R G E I E N L Y R N Y H E E P E M A G I U R G G
G E N T Y L Y L C E D G I Z D T A R P D F G O R O O O
M T P G O R E G Y O I E G W N U N Z N O G P O B K G I
P T G F G A D E O H C R N K I L L E C A E N S K T I G
G G G O O N R M N N S K F K R G G V G B O T U A N C G
A S A K O G C G V S A Y S L G G M N E G O N G T G G A
L P N A C S A G E R B I L O R A R R S P L R N A G O G
L O G D E R E N G O A G G O G I R O P G O I Z G A L V
A T B G B O R B O A U P E Z I N G E W I O R K L Z O G
N U A A O E P D E S Z I R W N D R K U R O G E A O C E
T K N O V O G O H R R O B U C E T G G G G O Y Z O E N
G Z G O W N C H G F R T N E R L E Y P Z R N G A P N I
O B G C I H Y H L E A I R G O O G N P Y I O H H Y Y T
V W O V O G G R E G N U E I L H L E P F N R E E K G K
E P I L A D I A E G T I M S H Y O C O G D R R N P G G
R G T R G G V N R R L G T V C R S O T W H H K A H A H
N V F E E Y D D O B S O W A G O S L S K O E G E Z R G
E O I H V E P T Y D A Y B I L L Y O B W U A R O G R O
A W G S R C I E A V I N L E S G T G O E B K N G A Y P
G I L U F N O N S V W F Z L S I Y I G W I G L D T U S
O I N G E O O I I S O L G O G I P S Z N A V M Y W L G
V U F G G G T G Z L G R O P S V R T C S W D E Z A L G
```

1. GAGGING
2. GALLANTRY
3. GAME
4. GAMECOCK
5. GANGBANG
6. GAPE
7. GARBANZOS
8. GAY
9. GAZONGAS
10. GAZOOPY
11. GENDER
12. GENITAL
13. GENITORTURE
14. GENTLE
15. GERBIL
16. GHERKIN
17. GIFT
18. GILF
19. GINGER
20. GIRLFRIEND
21. GIVING
22. GLAZED
23. GLOBES
24. GLORYHOLE
25. GLOSSY
26. GLUTEI
27. GNARLED
28. GOBSTOPPER
29. GOKKUN
30. GOLDEN
31. GONADS
32. GONORRHEA
33. GOOCH
34. GOOEY
35. GOOSEBERRIES
36. GOREAN
37. GOVERNESS
38. GRINDHOUSE
39. GROIN
40. GROPE
41. GROWL
42. G-SPOT
43. GUSHER
44. GYNECOLOGIST

H

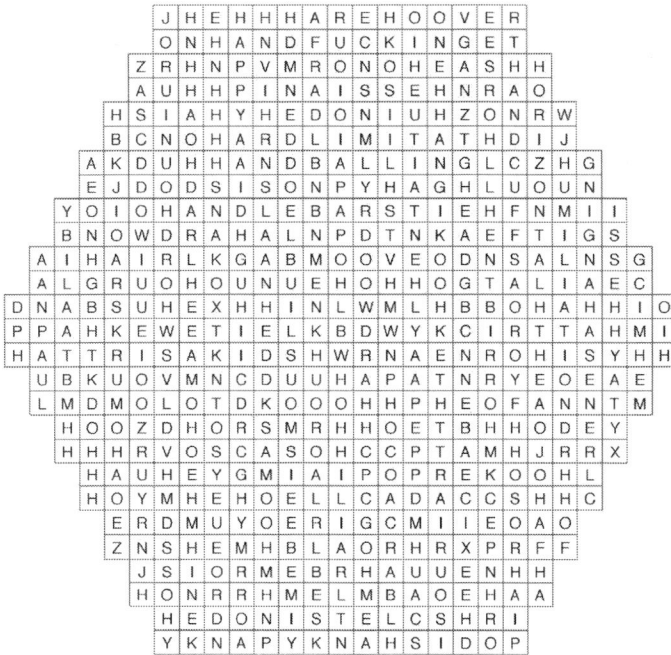

```
        J H E H H H A R E H O O V E R
        O N H A N D F U C K I N G E T
      Z R H N P V M R O N O H E A S H H
      A U H H P I N A I S S E H N R A O
    H S I A H Y H E D O N I U H Z O N R W
    B C N O H A R D L I M I T A T H D I J
  A K D U H H A N D B A L L I N G L C Z H G
  E J D O D S I S O N P Y H A G H L U O U N
Y O I O H A N D L E B A R S T I E H F N M I I
B N O W D R A H A L N P D T N K A E F T I G S
A I H A I R L K G A B M O O V E O D N S A L N S G
A L G R U O H O U N U E H O H H O G T A L I A E C
D N A B S U H E X H H I N L W M L H B B O H A H H I O
P P A H K E W E T I E L K B D W Y K C I R T T A H M I
H A T T R I S A K I D S H W R N A E N R O H I S Y H H
  U B K U O V M N C D U U H A P A T N R Y E O E A E
  L M D M O L O T D K O O O H H P H E O F A N N T M
    H O O Z D H O R S M R H H O E T B H H O D E Y
    H H H R V O S C A S O H C C P T A M H J R R X
      H A U H E Y G M I A I P O P R E K O O H L
      H O Y M H E H O E L L C A D A C C S H H C
        E R D M U Y O E R I G C M I I E O A O
        Z N S H E M H B L A O R H R X P R F F
          J S I O R M E B R H A U U E N H H
          H O N R R H M E L M B A O E H A A
            H E D O N I S T E L C S H R I
            Y K N A P Y K N A H S I D O P
```

1. HAIR	14. HAREM	27. HOMAGE	40. HOUSEHOLD
2. HANDBALLING	15. HARNESS	28. HOMOSEXUAL	41. HUMILIATION
3. HANDCUFFS	16. HATTRICK	29. HONEYMOON	42. HUMMER
4. HANDFUCKING	17. HAWKING	30. HONOR	43. HUMP
5. HANDJOB	18. HEAD	31. HOOD	44. HUSBAND
6. HANDLEBARS	19. HEDONIST	32. HOOKER	45. HYPNOSIS
7. HANGING	20. HELICOPTER	33. HOOVER	46. TRAIL
8. HANKY-PANKY	21. HENTAI	34. HORIZONTAL	
9. HAPPY	22. HERMAPHRODITE	35. HORNY	
10. HARDCORE	23. HESSIAN	36. HORSE	
11. HARD-LIMIT	24. HETEROSEXUAL	37. HOT	
12. HARDON	25. HICKEY	38. HOUDINI	
13. HARDWOOD	26. HOBBLE	39. HOURGLASS	

Sudoku

5				1	4		2	9
9	2		3		7	4		
4				9		5		
7				2		8		
		2			9			
	9		8					6
	4		9					1
		3	1		6		9	4
1	8		4	3				2

					2	9	8	
			5	7		4		6
4				8			1	
	4	2					5	1
		8	1		4	3		
6	5					8	9	
	3			9				5
9		4		3	5			
	6	5	2					

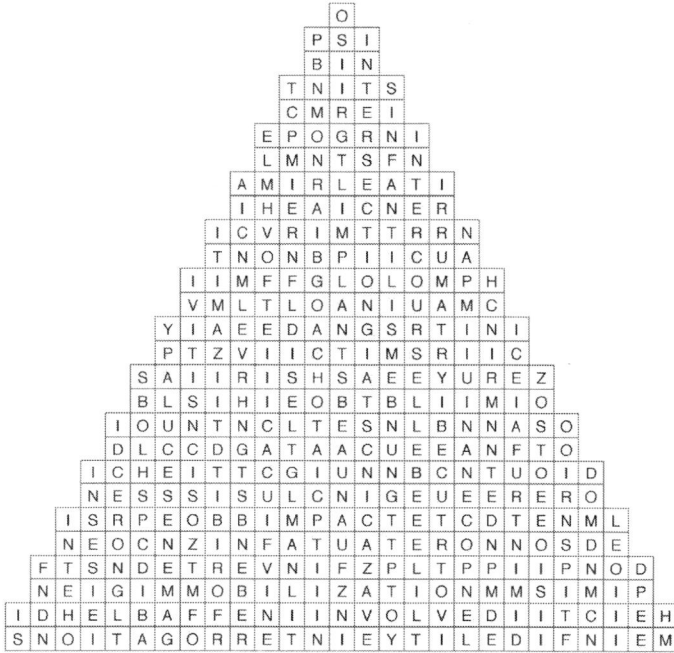

I

```
                              O
                            P S I
                            B I N
                          T N I T S
                          C M R E I
                        E P O G R N I
                        L M N T S F N
                      A M I R L E A T I
                      I H E A I C N E R
                    I C V R I M T T R R N
                    T N O N B P I I C U A
                  I I M F F G L O L O M P H
                  V M L T L O A N I U A M C
                Y I A E E D A N G S R T I N I
                P T Z V I I C T I M S R I I C
              S A I I R I S H S A E E Y U R E Z
              B L S I H I E O B T B L I I M I O
            I O U N T N C L T E S N L B N N A S O
            D L C C D G A T A A C U E E A N F T O
          I C H E I T T C G I U N N B C N T U O I D
          N E S S S I S U L C N I G E U E E R E R O
        I S R P E O B B I M P A C T E T C D T E N M L
        N E O C N Z I N F A T U A T E R O N N O S D E
      F T S N D E T R E V N I F Z P L T P P I I P N O D
      N E I G I M M O B I L I Z A T I O N M M S I M I P
    I D H E L B A F F E N I I N V O L V E D I I T C I E H
    S N O I T A G O R R E T N I E Y T I L E D I F N I E M
```

1. ICE	13. INDECENT	25. INTERSECTION
2. IDOLIZE	14. INDISPOSED	26. INVERTED
3. IMMOBILIZATION	15. INEFFABLE	27. INVOLVED
4. IMMORAL	16. INFANTILISM	28. IRISH
5. IMPACT	17. INFATUATE	29. IRRUMATIO
6. IMPLANT	18. INFIDELITY	30. ISOLATION
7. IMPOTENCE	19. INFLATABLE	31. ITCHING
8. IMPREGNATE	20. INFORMED	
9. INCEST	21. INNUENDO	
10. INCHES	22. INSERTABLE	
11. INCLUSIVE	23. INTERCOURSE	
12. INCUBUS	24. INTERROGATIONS	

J

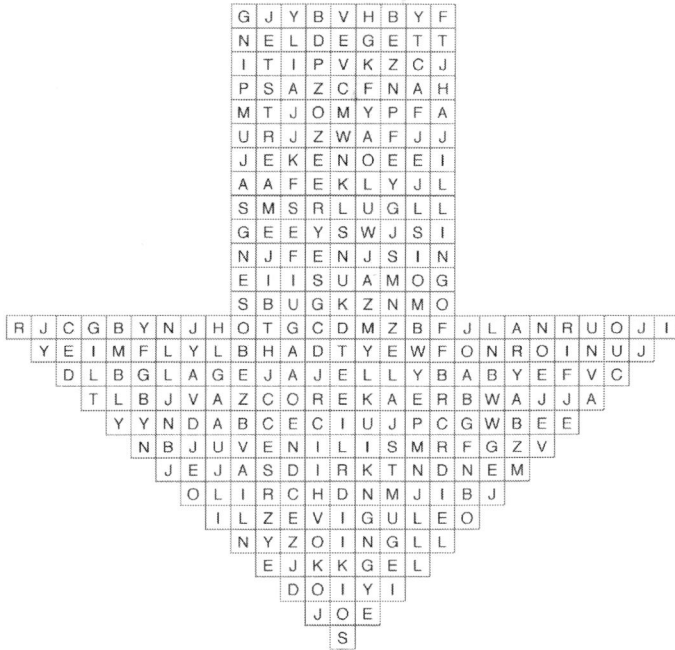

1. JACKASS
2. JAIL
3. JALOBIES
4. JAPANESE
5. JAWBREAKER
6. JELLYBABY
7. JELLY-BELLY
8. JELLYFISH
9. JERKOFF
10. JETSTREAM
11. JEZEBEL

12. JIGGLING
13. JILLING-OFF
14. JIZZ
15. JOCKEY
16. JOINED
17. JOINT
18. JOLLIES
19. JOURNAL
20. JUGGHEAD
21. JUICE
22. JUKE

23. JUMPING
24. JUNIOR
25. JUNK
26. JUVENILISM

K

```
            K N U C K L E
            A B A N I K R
            E R K X N N K
            S K T N K O N
            K K H U E A I
            N O I C S E U
A Z Z E R A K U I Z L G O M I K M N L T I
K A N A K A S C N G I N K K A N N S W P K
I I M X Z Y K X X E N E E L K K G I I E I
S Y K A T I K I D N A P P I N G R A G K N
S M W C N K A T H E R I N E W H E E L H W
I K X G I S K K A N Y T R A P Y E K G I T
K B O N K K L E G E K K T E M S I K N G G
            T P A A E K C
            T K I I Y N O
            L N N B P I O
            E A G O A F K
            D C A H R E K
            R K L P K E I
            U E O O I T N
            M R T T S U A
            S S P E S O B
            F E E N I N A
            K O L I N K K
            K W K K G A U
            K N O T T E D
```

1. KAMA-SUTRA	13. KING	25. KNOUT
2. KANAKAS	14. KINK	26. KNUCKLE
3. KAREZZA	15. KISMET	27. KOOCH
4. KATHERINE-WHEEL	16. KISSING	28. KWAZAKOO
5. KEGEL	17. KLEENEX	
6. KEPTIE	18. KLEPTOLAGNIA	
7. KETTLEDRUMS	19. KNACKERS	
8. KEY-PARTY	20. KNEELING	
9. KICKING	21. KNIFE	
10. KIDNAPPING	22. KNIGHT	
11. KINABAKU	23. KNOB	
12. KINETOPHOBIA	24. KNOTTED	

L

```
                A E L E L Q T S
              L L G E L E B I I K U K
            K O I N S C A I S H M C Y O D I
          X V C I B I P R R F R I X L M R D C
        R I K C I T F E Y Q S E L C L O L E G S
        Y N I A A S R T F V Y X H S H E O T S H Q P
        G N L N I O H F E L T T I L T M R L H K C T
      X G I L U G G T T               F Y L E L A C E Q
      A K E G N U L                   L A D Y R O L
    L M L N C A G Y                   M E P N G I L X
    L O I A L H R                       D C D E A O C
    E L L N B O U                       I R O A V G D
    G L U I T I L                       U O L L N A C
    A B B A T O A                       Q L C U K C L
    L M V A O A T                       I I B B C D E
    S A A S V Q A                       L T L R C F E
    L F E G F O R H                   L N E I I L H V
      H K S N N L T                   O L R N C O X
      L O L L I P O P E           M I L L O G A T B
        O H B I L R P L U S H X H Y T E I F T E N U
        E H T A E D E L T T I L E A A P Q U I R T S
          U N X L I B I D O O B T T S F T O C I Y
            L U S T F U L L Y C H T A E B E A E
              U U V M Q K B A E I I X L G Y D
                N L M X L R C I O B H L
                  D B R K P M I L
```

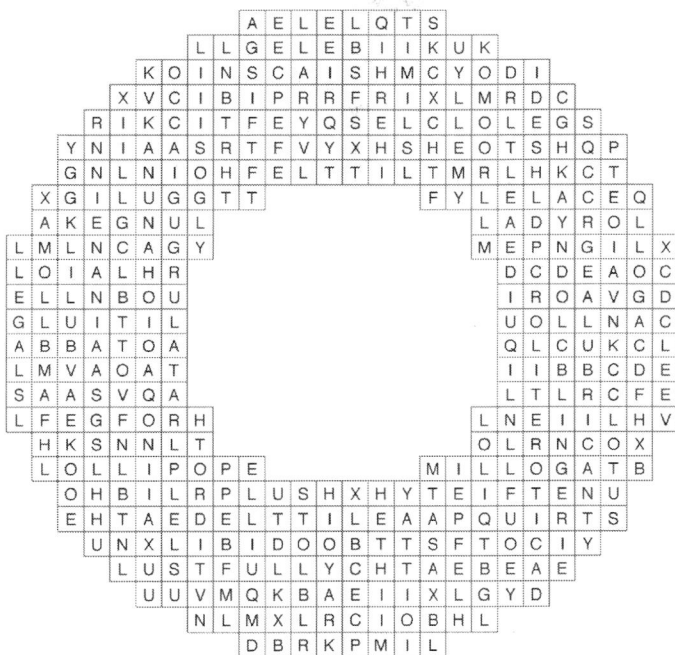

1. LABIA	14. LESBIAN	27. LITTLE	40. LUSH
2. LACING	15. LGBTQ	28. LITTLE-DEATH	41. LUSTFULLY
3. LACTATION	16. LIBIDO	29. LOCKS	
4. LAPDANCE	17. LICKING	30. LOLITA	
5. LATEX	18. LIFESTYLE	31. LOLLIPOP	
6. LAUGHTER	19. LIMIT	32. LOLLYGAG	
7. LAVATORY	20. LIMP	33. LOOSE	
8. LAVENDER	21. LINGAM	34. LOTHARIO	
9. LEAPFROG	22. LINGERIE	35. LOTUS	
10. LEATHER	23. LINGUISTIC	36. LOVABLE	
11. LECHEROUS	24. LIPSTICK	37. LOVING	
12. LEGAL	25. LIQUID	38. LUBRICANT	
13. LEGS	26. LITEROTICA	39. LUNGE	

M

```
                    C  S  P  P  M  Y  P
                 L  F  C  P  A  L  A  M  M  B  A  I  V
              I  O  R  H  T  S  B  C  O  A  G  M  D  R  Y  D  Y
           Y  H  M  K  P  U  B  K  O  S  B  H  E  R  O  F  E  T  S
        K  T  D  G  I  Y  V  D  R  T  B  C  S  N  K  P  M  N  Y  O  A
     R  N  M  N  P  R  S  A  H  U  G  N  E  G  T  B  U  E  I  D  R  M  M
  M  E  A  I  A  A  B  D  S  R  G  U  M  M  N  A  N  K  R  H  R  H  A  M  G
G  M  S  K  B  M  V  D  U  B  I  M  T  K  M  I  L  R  A  M  C  T  D  I  A  P  D
H  T  L  V  M  O  Y  M  A  L  A  O  D  A  G  K  N  I  V  A  A  R  E  L  T  U  I
G  E  I  L  A  T  A  A  T  T  R  T  H  N  G  K  R  T  D  L  I  M  U  V  O  T  I  A  H
R  M  R  M  T  T  M  I  I  K  M  H  V  T  A  C  A  M  U  F  D  G  E  O  R  R  F  M  F
M  T  L  A  C  A  O  A  C  M  A  T  U  R  E  R  M  P  I  G  U  S  N  L  D  E  S  V  C
V  F  U  E  V  T  N  D  R  N  Y  C  R  E  M  P  N  Y  U  K  I  M  C  N  E  E  S  R  T  O  R
D  T  M  F  I  E  H  C  A  T  S  U  O  M  G  L  O  M  E  H  T  A  D  K  K  R  S  B  O  U  E
L  Y  A  N  F  E  V  B  N  O  I  T  A  C  I  F  I  M  M  U  M  I  N  K  A  N  U  A  E  M  I
C  V  G  K  D  G  G  L  A  C  I  D  E  M  R  H  M  O  Y  E  B  D  O  F  M  U  M  O  N  E  Y
                 M  A  S  O  C  H  I  S  M  M  M  V  E
                 R  E  N  P  R  I  O  H  I  D  A  K  N
                 H  P  P  L  K  G  C  S  G  D  D  R  H
                 R  O  T  N  E  M  T  M  C  O  A  C  E
                 Q  I  N  S  C  R  S  Y  A  C  M  O  A
                 K  Y  Y  D  E  C  M  A  N  G  A  A  D
                 G  R  R  S  T  L  E  H  O  K  I  S  T
                 S  E  S  E  S  F  P  K  S  O  C  C  M
                 O  T  I  G  T  L  M  I  K  V  A  A  O
                 L  S  N  A  R  S  L  A  T  H  E  G  U
                 D  N  N  N  R  T  Y  V  C  L  G  C  T
                 S  O  V  E  G  L  D  M  P  H  U  E  H
                 T  M  B  M  C  T  A  Y  K  E  O  M  M
                 A  M  K  A  M  M  A  R  R  I  A  G  E
                 M  A  N  S  C  A  P  E  R  I  C  K  Y
```

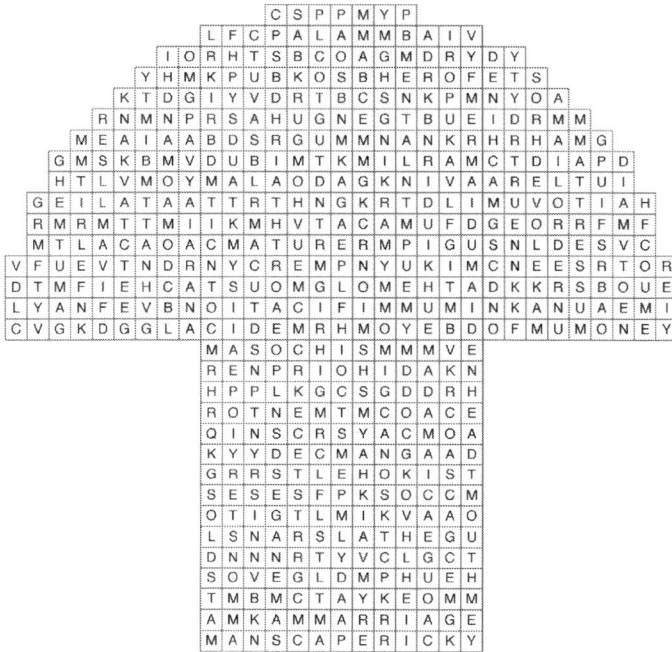

1. MACHINE	14. MARRIAGE	27. MERCY	40. MUNCH
2. MACHO	15. MASOCHISM	28. MERMAID	41. MUSHROOM
3. MACK-DADDY	16. MASTER	29. MILKING	42. MYSTERY
4. MADAME	17. MASTURBATION	30. MINDFUCK	
5. MAGIC	18. MATING	31. MISSIONARY	
6. MAID	19. MATTRESS	32. MISTRESS	
7. MAIDENHEAD	20. MATURE	33. MONEY	
8. MAIL-ORDER	21. MEAT	34. MONSTER	
9. MAKE-LOVE	22. MEDICAL	35. MOUSTACHE	
10. MAMMARY	23. MENAGE	36. MOUTH	
11. MANGA	24. MENTAL	37. MUFF	
12. MANSCAPE	25. MENTHOL	38. MULTIPLES	
13. MARKINGS	26. MENTOR	39. MUMMIFICATION	

N

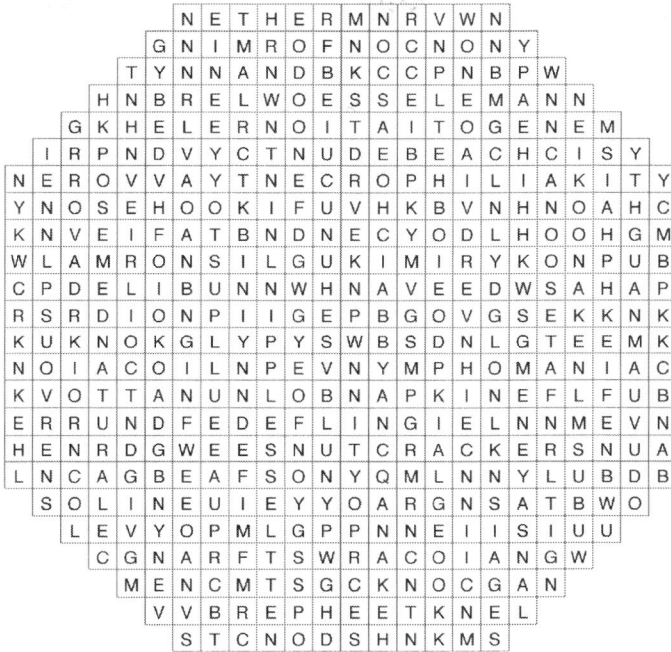

			N	E	T	H	E	R	M	N	R	V	W	N			
		G	N	I	M	R	O	F	N	O	C	N	O	N	Y		
	T	Y	N	N	A	N	D	B	K	C	C	P	N	B	P	W	
	H	N	B	R	E	L	W	O	E	S	S	E	L	E	M	A	N	N
G	K	H	E	L	E	R	N	O	I	T	A	I	T	O	G	E	N	E	M
I	R	P	N	D	V	Y	C	T	N	U	D	E	B	E	A	C	H	C	I	S	Y
N	E	R	O	V	V	A	Y	T	N	E	C	R	O	P	H	I	L	I	A	K	I	T	Y
Y	N	O	S	E	H	O	O	K	I	F	U	V	H	K	B	V	N	H	N	O	A	H	C
K	N	V	E	I	F	A	T	B	N	D	N	E	C	Y	O	D	L	H	O	O	H	G	M
W	L	A	M	R	O	N	S	I	L	G	U	K	I	M	I	R	Y	K	O	N	P	U	B
C	P	D	E	L	I	B	U	N	N	W	H	N	A	V	E	E	D	W	S	A	H	A	P
R	S	R	D	I	O	N	P	I	I	G	E	P	B	G	O	V	G	S	E	K	K	N	K
K	U	K	N	O	K	G	L	Y	P	Y	S	W	B	S	D	N	L	G	T	E	E	M	K
N	O	I	A	C	O	I	L	N	P	E	V	N	Y	M	P	H	O	M	A	N	I	A	C
K	V	O	T	T	A	N	U	N	L	O	B	N	A	P	K	I	N	E	F	L	F	U	B
E	R	R	U	N	D	F	E	D	E	F	L	I	N	G	I	E	L	N	N	M	E	V	N
H	E	N	R	D	G	W	E	E	S	N	U	T	C	R	A	C	K	E	R	S	N	U	A
L	N	C	A	G	B	E	A	F	S	O	N	Y	Q	M	L	N	N	Y	L	U	B	D	B
	S	O	L	I	N	E	U	I	E	Y	Y	O	A	R	G	N	S	A	T	B	W	O	
	L	E	V	Y	O	P	M	L	G	P	P	N	N	E	I	I	S	I	U	U		
		C	G	N	A	R	F	T	S	W	R	A	C	O	I	A	N	G	W			
		M	E	N	C	M	T	S	G	C	K	N	O	C	G	A	N					
			V	V	B	R	E	P	H	E	E	T	K	N	E	L						
			S	T	C	N	O	D	S	H	N	K	M	S								

1. NACHO	13. NETHER	25. NOSE-HOOK
2. NAILING	14. NETTLES	26. NOVIE
3. NAMELESS	15. NEWBIE	27. NUBBING
4. NANNY	16. NIGHT	28. NUBILE
5. NAPKIN	17. NIPPLES	29. NUDE-BEACH
6. NATURAL	18. NOISY	30. NUDITY
7. NAUGHTY	19. NONCON	31. NUTCRACKERS
8. NECKED	20. NONCONFORMING	32. NUTSACK
9. NECROPHILIA	21. NOOKIE	33. NYMPHOMANIAC
10. NEEDLES	22. NOONER	
11. NEGOTIATION	23. NOOSE	
12. NERVOUS	24. NORMAL	

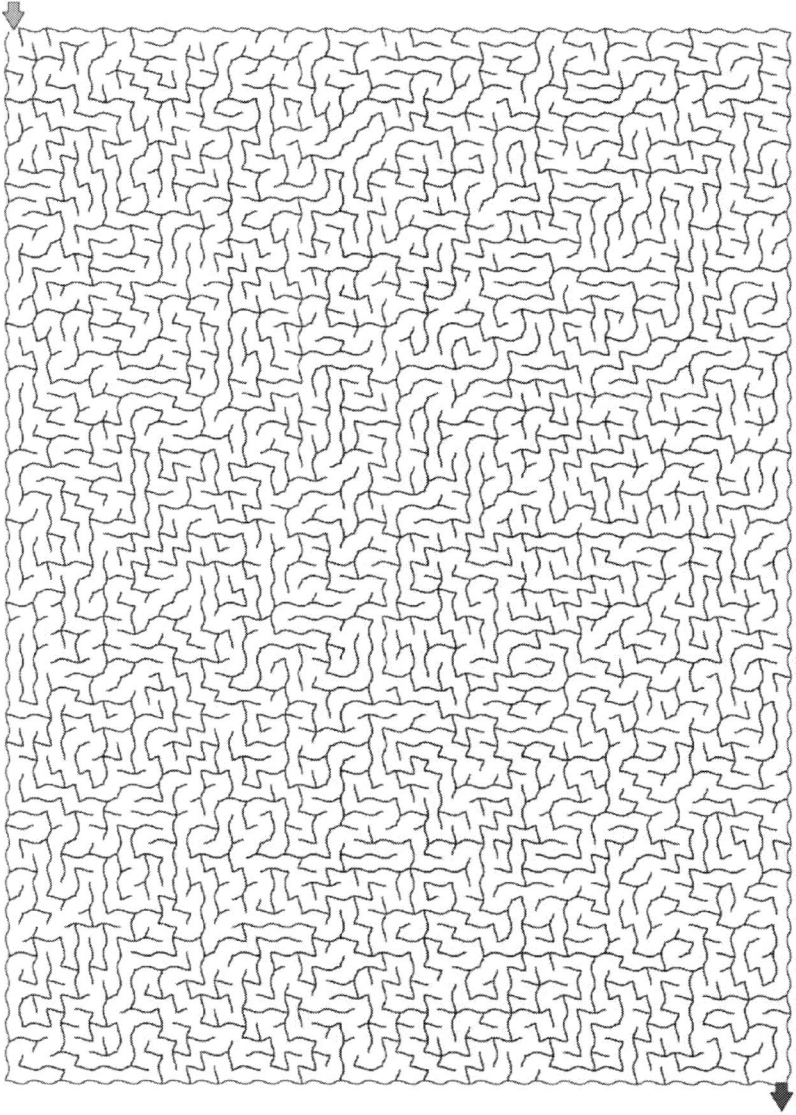

O

```
            Y A Z S S C
          D S F O E K J P M C X B
          E Q I D P I X K B X Y U I G
        O J W L O S C I L L A T I N G A
      G O M V E T A L U C S O U E I H X D
    O U N O N O V E R T H E K N E E Z O V E
  A R O E T Y I M Z W E X W M Y D Q B M N U A
  V N G E H T M S X O C N A E C O J O I D D I
  E A L Y E U E R E T R P U S H E P E N O O N
I D M E E R O M H E X E I D K C E E A U N B G J
L R E O D H A R M K O U I N T N S T E A A S A C
C H N U M A M J O W X H A I G R S C J O N C L O
U P T T O L Q N N G C D F L U T N D R U E E E T
O M A E N F J E H R E I D O H E R G J Q R N X L
U O L D S Z D C O H C N C G I M Y E J C A I A D
  O X Y T R W D X A E R I D U O G L T W F T D
  U Y S E U A Z T P E N E T L O R G D S O Y O
  N W D R J W I K T E B N D A J R Y O F Y N T
    V G F B O H U N O O G O G L M A F O F O
    P A N J O O N T U O Y I R I I L M G
      M S A G R O A W C G M L C S D A
      F V E Y R R I H Z L E E S M
        V W D O R G A N S E N D
          K B W Q P T
```

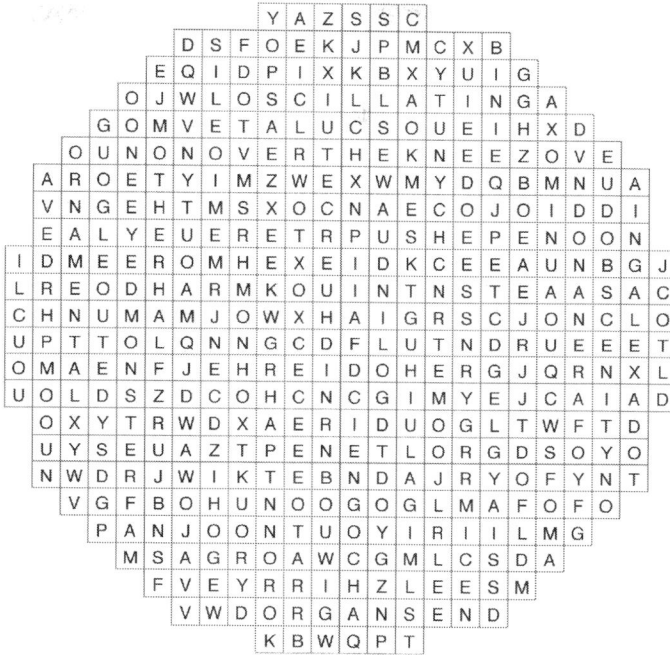

1. OBEDIENCE
2. OBJECTIFICATION
3. OBSCENITY
4. OCEAN
5. ODAXELAGNIA
6. OFFICE
7. OGLE
8. OILED
9. OLD-GUARD
10. OMNISEXUAL
11. ONANERA
12. ONE-EYED-MONSTER
13. ONE-NIGHT-STAND
14. OOGLE
15. OOMPH
16. OPEN
17. ORAL
18. ORCHIDS
19. ORGANS
20. ORGASM
21. ORGY
22. O-RING
23. ORNAMENTAL
24. OROGENITALISM
25. OSCILLATING
26. OSCULATE
27. OTHER-HALF
28. OUTED
29. OUTERCOURSE
30. OVER-THE-KNEE
31. OWNED
32. OYSTER

P

A	T	U	L	S	N	I	A	P	E	L	B	A	T	R	E	V	R	E	P	W	Q	J	Z	K	W
D	Z	M	T	F	T	N	Q	P	W	R	I	Y	W	W	Y	W	G	N	I	R	E	P	M	A	P
O	E	N	U	B	M	E	U	U	E	P	O	V	Y	P	O	P	U	M	P	I	N	G	P	I	R
P	T	T	O	V	Z	P	K	B	D	R	R	F	L	L	P	E	A	C	H	E	S	C	L	M	Z
E	U	S	N	T	E	B	H	C	I	Y	M	I	L	G	L	P	P	P	E	T	P	L	A	Y	X
R	W	C	S	I	S	Y	L	Y	I	F	R	I	S	W	H	U	P	A	V	Z	D	G	Y	Y	E
C	R	E	P	N	A	I	J	A	S	P	P	O	S	O	J	P	P	R	D	L	C	D	T	P	S
U	B	J	K	I	A	P	P	D	M	I	E	O	L	S	N	P	D	E	O	D	S	E	H	A	E
S	P	S	Y	C	H	O	L	O	G	I	C	A	L	L	I	Y	F	C	R	T	I	Y	I	N	N
S	P	V	T	W	N	P	P	I	Q	J	R	A	N	A	I	O	W	V	E	F	E	N	N	I	O
I	O	Y	C	V	I	T	O	X	G	J	Y	P	L	A	V	P	N	R	N	W	U	C	G	C	H
O	W	T	S	R	A	A	I	L	I	H	P	A	R	A	P	P	U	P	E	S	F	M	T	E	P
N	E	C	A	S	P	P	E	C	K	E	R	B	U	Z	R	T	O	T	P	A	C	K	E	O	P
P	R	T	O	J	U	Z	C	H	P	K	P	W	H	E	A	L	A	Y	T	G	E	G	X	A	R
R	E	P	O	P	I	P	O	L	A	U	S	R	T	M	Y	T	P	N	L	L	H	N	N	T	P
E	X	P	E	E	O	X	E	T	C	I	P	Z	E	A	S	D	E	K	V	B	L	T	T	E	B
D	C	P	I	R	T	R	I	Z	K	P	E	R	M	O	F	M	G	G	P	E	I	F	A	O	W
I	H	E	A	E	V	A	N	T	I	L	P	O	R	B	Y	L	G	P	E	E	W	R	F	E	I
C	A	I	L	L	R	E	N	O	N	N	R	P	O	A	A	U	I	M	S	V	L	Z	E	I	M
A	N	P	P	D	P	C	R	O	G	Y	M	U	P	U	D	T	N	I	I	S	N	U	A	T	U
M	G	J	H	T	D	I	I	T	I	R	V	M	X	Y	A	E	G	P	P	U	N	I	P	O	D
E	E	K	A	W	S	A	T	N	F	S	A	E	L	P	L	A	Y	E	R	J	P	K	O	O	N
N	L	J	L	M	I	L	P	A	G	F	S	P	W	A	U	P	R	O	S	T	I	T	U	T	E
T	Q	R	L	N	N	F	E	T	T	N	W	A	H	R	E	V	I	R	D	E	L	I	P	A	D
N	E	Z	U	R	E	P	U	O	A	E	D	C	P	Y	P	A	R	L	O	R	C	O	N	P	U
Q	E	I	S	U	P	P	E	P	P	E	R	M	I	N	T	P	R	O	T	O	C	O	L	Z	P

1. PACK	14. PARLOR	27. PERVERT	40. PIRATE	53. PROSTITUTE
2. PACKING	15. PASSIONATE	28. PERVERTABLE	41. PISTON	54. PROTECTOR
3. PADDING	16. PATOOTIE	29. PET-PLAY	42. PLAYER	55. PROTOCOL
4. PADDLE	17. PAYMENT	30. PHALLUS	43. PLAYTHING	56. PSYCHOLOGICAL
5. PAIN	18. PEACHES	31. PHONE SEX	44. POLYAMORY	57. PUDENDUM
6. PAINSLUT	19. PEARLS	32. PHYSICAL	45. PORNOGRAPHY	58. PUMPING
7. PAINTED	20. PECKER	33. PICK	46. POWER EXCHANGE	59. PUPPY
8. PALPITATE	21. PEGGING	34. PIERCING	47. PREDICAMENT	60. PUSSY
9. PAMPERING	22. PENIS	35. PILEDRIVER	48. PREMATURE	
10. PANIC	23. PEPPERMINT	36. PILLORY	49. PRETZEL	
11. PANSEXUAL	24. PERCUSSION	37. PILLOW	50. PRIMAL	
12. PANTIES	25. PERFUME	38. PIMP	51. PRISON	
13. PARAPHILIA	26. PERMISSION	39. PINUP	52. PROSTATE	

Q

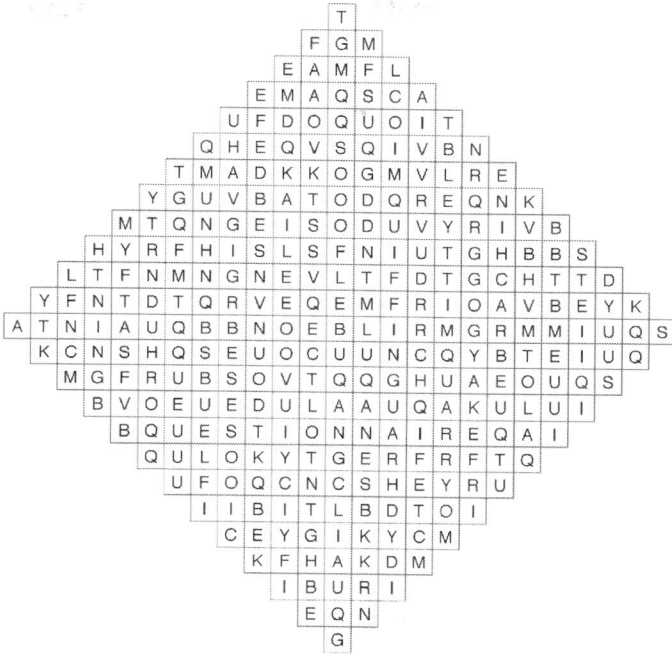

1. QUAALUDE
2. QUAEDAM
3. QUAIL
4. QUAINT
5. QUARRY
6. QUATRO
7. QUEBRACHINE
8. QUEEF
9. QUEENING
10. QUESTIONNAIRE
11. QUICKIE
12. QUIET
13. QUIFFING
14. QUIM
15. QUIMMING
16. QUIRT
17. QUIVER
18. QUOIT

R

```
          S W R A I N C O A T P
        E T F S F E S R E V E R S
        R U M P S H A K E R F R C N E
      R E C N A T S I S E R T R E W C I
      G R E N O V A T E G E P N P E C G B F
    T E X A S E I R E S W C E I L D D T X E O
  T F R M D C P E D R X U U H A O L T L U N E O
R M A E U V R L O O F S D S Q R R W S O I M P R R
A E R N G G I E M N E G N G P T R G A E E G A A V
C F E E O E F A P P S O N S I S R F N R L V H F S
K W L G F A N M O U I I B S U E D I E I I U O T E
U R A A V C R R I T T Y B U Y R R D T S M I R S L
O E X D E G F A A N W A R I T V W A H U N M R N R
G L A E S K P L M O O Y T V L I H M N N A E I A D
I E T E Y B E N B P A I U I N I E L V D S L S R F
E A I I E R B N F L I G T G O N T N D P Y P A P E
X S O I S V I V P P A N S C T N P Y E K B W T U L
S E N B C A I E X G I Y G R I R H C M E E I Q N N
  E X M R W L T G X G T A D E R T H R R B S C B
    R V I O R N P W L V S D B W T R A B E I T
    K R M I A O E I S F B R Y Y S A N W H
      F R T X M S C L P A H L E R E R D
      R H Y H O A E K R V M T B B R
        K S D G R E R T R K U L Q
          L H R E B B U R R H S
```

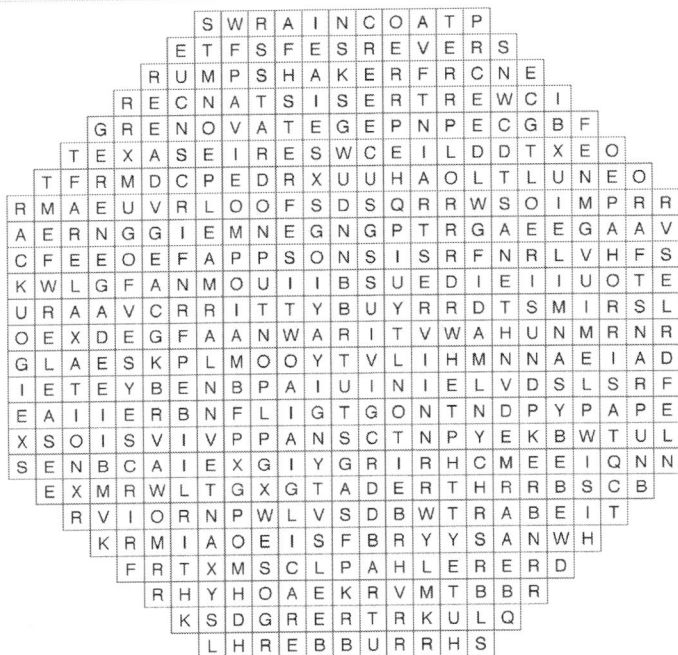

1. RABBIT	14. RED LIGHT	27. RESTRICTION	40. RULES
2. RACK	15. RED WINGS	28. REVERSE	41. RUMP SHAKER
3. RAINBOW	16. RELATIONSHIP	29. REWARD	
4. RAINCOAT	17. RELAXATION	30. RHYTHM	
5. RAKE	18. RELEASE	31. RIMMING	
6. RAMPING	19. RELIEF	32. RING GAG	
7. RANDY	20. RENEGADE	33. RITUAL	
8. RASPBERRY	21. RENOVATE	34. ROLEPLAY	
9. RAVISH	22. REPUTATION	35. ROMANCE	
10. RAVISHMENT	23. RESISTANCE	36. ROOFIES	
11. RECEPTIVE	24. RESPECT	37. ROPES	
12. RECTUM	25. RESPONSIBILITY	38. RUBBER	
13. REDFLAG	26. RESTRAINT	39. RUBENESQUE	

S

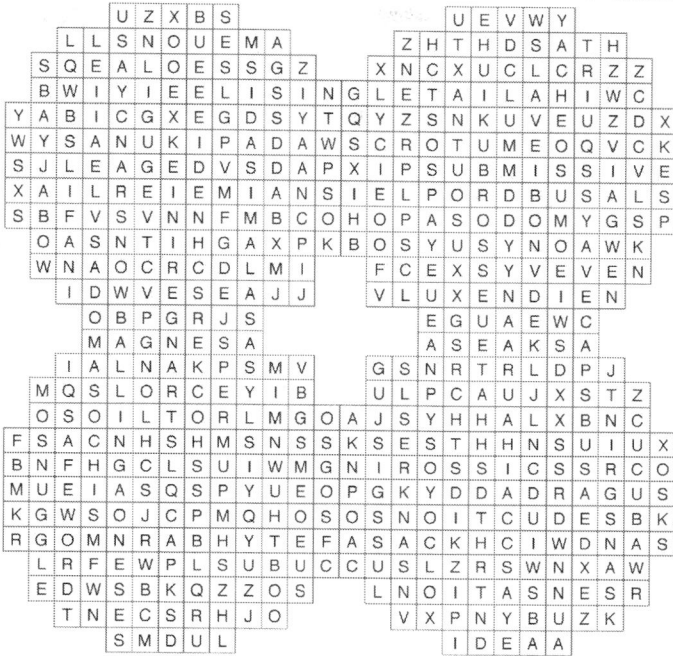

1. SADDLE
2. SADISM
3. SADOMASOCHISM
4. SAFETY
5. SAFEWORD
6. SALACIOUS
7. SALAMI
8. SALINE
9. SANDWICH
10. SAPIOSEXUAL
11. SAUSAGE
12. SCENT
13. SCHLONG
14. SCISSORING
15. SCREW
16. SCROTUM
17. SEDUCTION
18. SELFBONDAGE
19. SENSATION
20. SENSUALIST
21. SERVICE
22. SEX
23. SEXUAL
24. SHARK WEEK
25. SHOCKER
26. SINGLETAIL
27. SJAMBOK
28. SLAVE
29. SLEEPSACK
30. SLUT
31. SNOW BALLING
32. SNUGGLE
33. SODOMY
34. SPERM
35. SPREAD EAGLE
36. SQUIRT
37. STRANGER
38. SUBDROP
39. SUBMISSIVE
40. SUBSPACE
41. SUCCUBUS
42. SUGAR DADDY
43. SWAPPING
44. SWINGING
45. SYBIAN

S

G	S	G	J	Y	W	H	O	S	P	A	N	K	I	N	G	H	O	D	O	R	C	S	E	U	D
N	E	N	S	K	V	V	Z	F	W	Y	R	N	D	X	N	S	V	B	E	A	H	V	L	X	S
I	N	I	W	H	I	Y	R	A	T	I	N	A	S	Y	G	H	A	K	T	A	E	N	B	Z	E
K	S	V	J	T	A	C	A	I	D	M	A	N	Z	E	P	N	C	P	V	Z	N	R	A	S	X
N	I	R	E	Z	E	K	L	T	E	L	G	N	I	S	S	U	I	I	P	R	E	C	G	W	H
U	T	E	S	N	Q	A	E	L	K	C	A	H	S	D	S	A	N	P	S	H	A	P	G	A	I
P	I	S	I	U	U	S	G	N	I	W	E	R	C	S	E	G	E	M	P	T	I	G	A	L	B
S	V	F	R	X	W	M	D	S	G							L	E	T	X	A	R	C	H	L	I
S	E	U	E	A	P	O	X	W									D	F	P	N	R	A	S	O	T
S	S	S	M	B	N	O	D										D	O	I	Y	T	P	W	I	
O	T	J	K	S	C	C											A	N	R	G	S	O	O		
R	A	L	R	I	A	H											O	S	G	T	S	O	N		
C	P	R	N	X	S	R											S	C	E	U	S	D	I		
S	L	E	O	T	A	E											C	N	T	D	S	M	S		
W	I	S	I	Y	R	T											E	C	S	E	I	P	M		
E	N	E	S	N	A	T											N	P	C	A	L	S	A		
R	G	D	N	I	N	E	N									I	E	R	D	A	E	B	N		
D	J	U	E	N	W	L	E	R								L	L	E	K	S	Y	O	W	M	
N	S	C	P	E	R	T	T	S	Y						I	U	T	S	H	C	X	C	U	W	
A	L	T	S	M	A	E	T	C	L	I	O	W	N	V	T	N	L	C	I	I	I	Z	O	G	O
T	I	I	U	Y	P	L	I	R	U	R	Q	S	T	O	K	L	U	N	E	S	H	O	W	E	R
S	P	O	S	M	L	R	M	E	C	A	I	B	R	I	F	H	G	K	C	O	B	M	A	H	S
M	P	N	H	M	A	A	S	A	S	B	X	C	N	S	W	I	T	C	H	J	Y	H	F	W	C
F	E	M	H	I	X	C	O	M	G	I	S	G	T	U	A	H	S	P	O	O	N	I	N	G	E
N	R	F	G	H	N	S	R	S	E	H	S	C	A	R	I	F	I	C	A	T	I	O	N	Z	E
K	Y	B	P	S	A	H	P	B	X	S	E	R	U	S	A	E	L	P	F	L	E	S	K	M	T

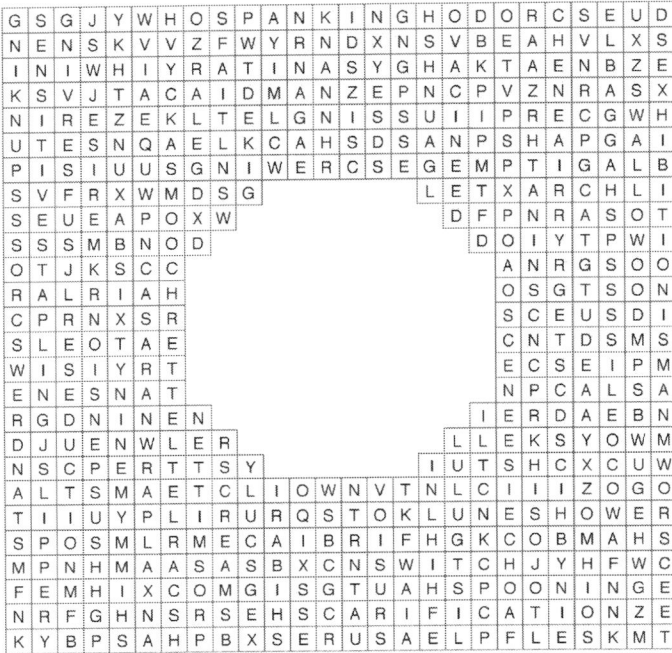

1. SANITARY	14. SERVING	27. SIR	40. STRAPPING
2. SAPPHIC	15. SEXHIBITIONISM	28. SIXTY NINE	41. STRIPTEASE
3. SARAN WRAP	16. SEXUALITY	29. SLIPPERY	42. SUCKER
4. SCARIFICATION	17. SHACKLE	30. SMITTEN	43. SUSPENSION
5. SCARLET LETTER	18. SHAGGABLE	31. SMOOCH	44. SWALLOW
6. SCENE	19. SHAKE	32. SPANKING	45. SWITCH
7. SCREAMS	20. SHAMROCK	33. SPELUNKING	
8. SCREWING	21. SHAVING	34. SPLASHING	
9. SCROTILINCTUS	22. SHIBARI	35. SPOONING	
10. SECRET	23. SHIMMY	36. SPUNKING	
11. SEDUCTION	24. SHOWER	37. ST ANDREWS CROSS	
12. SELF PLEASURE	25. SIDESADDLE	38. STAPLING	
13. SENSITIVE	26. SINGLE	39. STRAP-ON	

T

```
              T  I  C  K  L  I  N  G  Y  T
              S  T  T  W  I  S  T  E  D  E
              T  H  D  R  W  S  C  T  L  G
              E  R  J  Y  Y  T  R  C  Q  D
              N  I  D  R  E  O  A  K  A  A
              D  L  T  A  J  T  E  I  S  Z
              E  L  S  A  N  C  R  M  B  X
T  T  B  T  O  N  G  U  E  D  T  N  K  B  T  T  A  S  T  E  M  P  L  E  S  M
A  H  T  N  T  A  L  L  Y  W  H  A  C  K  E  R  E  N  E  U  W  T  E  N  S  S
B  U  O  O  N  T  U  T  R  I  S  K  E  L  I  O  N  M  T  E  K  D  D  O  E  I
L  M  R  L  W  T  E  N  F  B  C  P  U  T  S  T  Y  O  P  R  R  J  W  O  R  D
E  B  T  A  O  E  J  M  P  L  M  V  L  K  A  P  R  O  R  T  I  H  F  T  G  A
D  C  U  T  D  A  T  G  P  A  K  I  C  I  G  T  E  T  T  E  R  C  T  T  I  B
A  U  R  P  E  B  E  O  R  E  A  I  N  V  T  O  D  R  W  E  S  E  E  A  T  I
N  F  E  P  K  A  N  T  P  T  R  T  A  B  E  P  N  A  A  C  X  A  S  T  P  R
C  F  W  Z  A  G  G  N  I  T  V  A  W  R  E  P  E  D  T  D  B  N  T  S  K  T
E  S  T  L  T  Y  G  O  E  T  Y  Q  T  K  T  I  G  I  G  N  I  N  I  A  R  T
              L  K  S  T  T  U  H  N  S  T
              C  L  A  E  T  O  R  G  N  I
              I  S  E  T  V  I  Y  E  A  O
              T  B  W  S  R  S  T  S  R  N
              S  M  Q  A  S  U  N  J  T  A
              E  V  X  H  T  A  S  A  G  L
              T  G  R  A  E  S  T  T  R  V
              E  N  O  H  P  E  L  E  T  T
```

1. TABLE DANCE	14. TEETH	27. TIGRESS	40. TRIBADISM
2. TAIL	15. TELEPHONE	28. TITTY	41. TRICKS
3. TAINT	16. TEMPERATURE	29. TONGUE	42. TRISKELION
4. TAKEDOWN	17. TEMPLE	30. TOP	43. TROJAN
5. TALLYWHACKER	18. TEMPTRESS	31. TOPPING	44. TRUST
6. TALON	19. TENDER	32. TORTURE	45. TRYST
7. TANTRIC	20. TENS	33. TOYS	46. TWAT
8. TASER	21. TENTACLE	34. TRADITIONAL	47. TWISTED
9. TASSEL	22. TESTICLE	35. TRAINING	
10. TATTOO	23. THREESOME	36. TRAMP	
11. TAWS	24. THRILLED	37. TRANSGENDER	
12. TEABAG	25. THUMB CUFFS	38. TRANSVESTITE	
13. TEASE	26. TICKLING	39. TRIAD	

U

```
                        D P
                        E E
                      E S D S
                      L U O E
                    X B F U L H
                    M I A Z R B B C
                  M R D I J T A Y U A
                  K U O Q N Z I N K S L T
                O P G F J E S C O I U L F T
              G T N P I Z D E A I D N E Z H A
              A I I L P N O N T T T E R R H X Y N
            B G D R A K U P U A I N S E B R A D U U
          W H A N K D A E V H N O E S Q M F O N G N Q
          T O N O T T U B N U I N M E U U L I B U Z L
        J L Q U M L A U T S E R B N R I H O R L E A C H
        N S R I A T S P U B N U Z U D T N E T I R S D Y
      U T U X O R I O U S R W T G F N E D I X U X U D G N
      W Q D Y Z L M Q Y O G I L C W U D M U T U N I I N D
      U D E S I C M U C R I C N U I U A C A N D M Q H A Z
      J P W U A N V I I M Y G W E X T T N W E I J I R O U
        Z D O S N N L C J X C B W E H N F R V Z T H J T
        C Y C F U M J P X E S I N U U Z W O G M T E E K
          U L T R A V I O L E T M K E E Z E V E A R D
          A I L I H P O T A M L A G A S U S R U U Z O
            U P L I F T I N G W J R G X U U W S B I
```

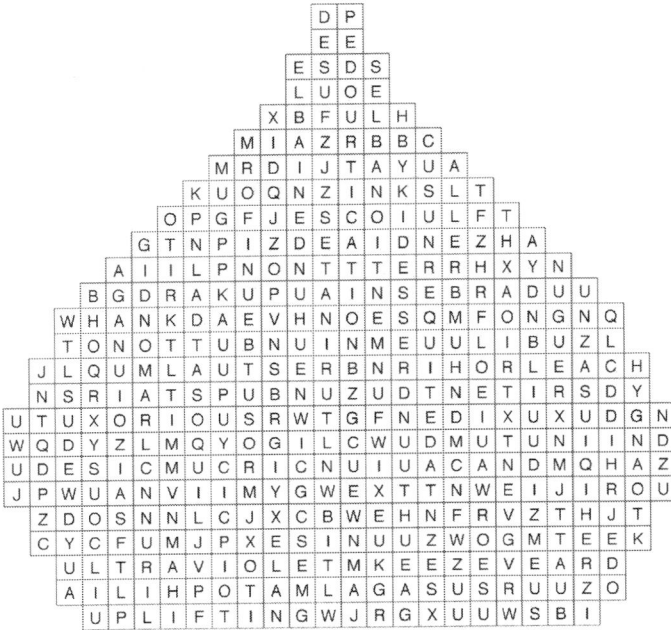

1. UDDER	13. UNIFORM	25. URINATE
2. ULTIMATE	14. UNION	26. URSUSAGALMATOPHILIA
3. ULTRAVIOLET	15. UNISEX	27. URTICATION
4. UMBRELLA	16. UNITED	28. USED
5. UMLAUTS	17. UNLOADING	29. UTERUS
6. UNATTACHED	18. UNMENTIONABLES	30. UXORIOUS
7. UNBUTTON	19. UNNATURAL	
8. UNCIRCUMCISED	20. UNREQUITED	
9. UNDENIABLE	21. UPLIFTING	
10. UNDERWEAR	22. UPSTAIRS	
11. UNDRESSED	23. UPTIGHT	
12. UNICORN	24. URETHRA	

V

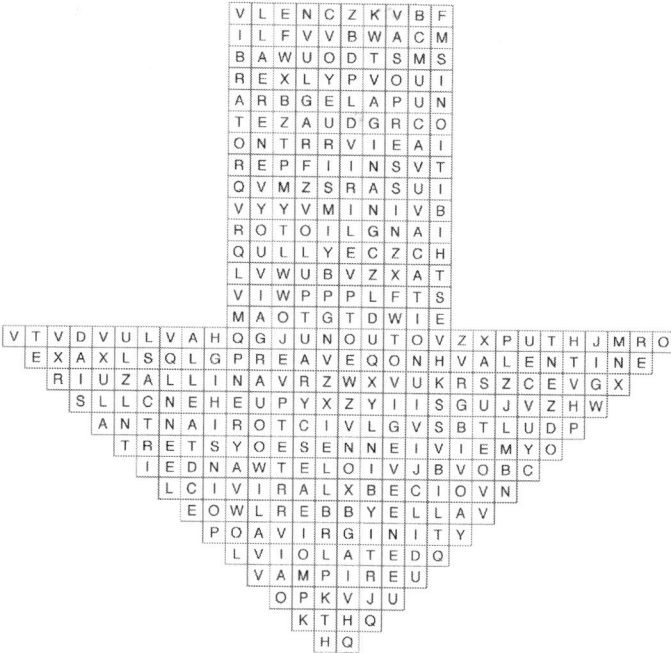

V	L	E	N	C	Z	K	V	B	F
I	L	F	V	V	B	W	A	C	M
B	A	W	U	O	D	T	S	M	S
R	E	X	L	Y	P	V	O	U	I
A	R	B	G	E	L	A	P	U	N
T	E	Z	A	U	D	G	R	C	O
O	N	T	R	R	V	I	E	A	I
R	E	P	F	I	I	N	S	V	T
Q	V	M	Z	S	R	A	S	U	I
V	Y	Y	V	M	I	N	I	V	B
R	O	T	O	I	L	G	N	A	I
Q	U	L	L	Y	E	C	Z	C	H
L	V	W	U	B	V	Z	X	A	T
V	I	W	P	P	L	F	T	S
M	A	O	T	G	T	D	W	I	E

V T V D V U L V A H Q G J U N O U T O V Z X P U T H J M R O
E X A X L S Q L G P R E A V E Q O N H V A L E N T I N E
R I U Z A L L I N A V R Z W X V U K R S Z C E V G X
S L L C N E H E U P Y X Z Y I I S G U J V Z H W
A N T N A I R O T C I V L G V S B T L U D P
T R E T S Y O E S E N N E I V I E M Y O
I E D N A W T E L O I V J B V O B C
L C I V I R A L X B E C I O V N
E O W L R E B B Y E L L A V
P O A V I R G I N I T Y
L V I O L A T E D Q
V A M P I R E U
O P K V J U
K T H Q
H Q

1. VACATION	14. VESTHIBITIONISM	27. VOLUPTUARY
2. VACUUM	15. VIAGRA	28. VOLUPTUOUS
3. VAGINA	16. VIBRATOR	29. VOYEURISM
4. VAJAZZLE	17. VICTORIAN	30. VULGAR
5. VALENTINE	18. VIENNESE OYSTER	31. VULVA
6. VALLEY	19. VIOLATED	
7. VAMPIRE	20. VIOLET WAND	
8. VANILLA	21. VIRAL	
9. VASOPRESSIN	22. VIRGINITY	
10. VAULT	23. VIRILE	
11. VELVET	24. VISION	
12. VENEREAL	25. VIXEN	
13. VERSATILE	26. VOICE	

W

1. WACKER
2. WAGGING
3. WALLOP
4. WALRUS
5. WAND
6. WANG
7. WANNABE
8. WANTON
9. WARMTH
10. WARRIOR
11. WARTENBERG
12. WASHER
13. WATERBOARDING
14. WATERSPORTS
15. WAX PLAY
16. WEBBING
17. WEDDING
18. WEDGE
19. WEEKEND
20. WEIGHT
21. WELL-HUNG
22. WESTERN
23. WET DREAMS
24. WETSPOT
25. WHATCHAMACALLIT
26. WHEELBARROW
27. WHIPPED
28. WHIRLYGIGS
29. WHISKER
30. WHISPERING
31. WHORE
32. WOLFISH
33. WOMEN
34. WONDERFUCK
35. WONDERLAND
36. WONTON
37. WOODEN HORSE
38. WOODY
39. WORKING
40. WORKSHOP
41. WORSHIP
42. WRAPPING
43. WRESTLE

X, Y, & Z

```
W T M K V
Y Z C H Q U                                    R O B O T
E Y Z C U N Q                                D Z R E B R
C Q U E J R O Z                            W Z U E W R U
Z X W P P H O P N                        R E I C G D R V
  P A N W P Y T W S                    M L N A C Y D E K
  L N Y D E Z C O N                  D O R L E H A J L
    X T Y C L R A L M              H P A Q V F I Q Q
      E I O T I F F L P          R H E M R N U N K
        R P U J N C X E H      Y I Y Z I H T A I
          I P N J S W M Y K L E X J L F E F Z
          C E G X R H S I F R E P P I Z A
            X A S S A F R A S S E D T Z
              T P I T G R Z M Z B N Z
                N X B T U K E A I L
                D A Y O N I C U E P
              R Z H I J U I N Z S J P
            E O Z F S L T E F Z Q O E E
          S U X N P S O I Q T J L E P Y R
        S Z Z V Q K R N R H X O C X F H M Z
      I O X I M C E Y P      P D G P E P O M P
    N U R L Y U N X M          O L Y Z N E B U S
  G N A H K R E K K              N E Z N O I I Y B
  J E T Z I B X N T            E I Z Z F P A B D
  V T E A O N M A E          X Y A E U P L W M
D B D P K A I Y M          M V F N C I V A P
I Y P H Z D X A          H G T T K X B D
T E D N I X R          E M I A I H D
R D I M T F          G W G I C B
Y Z L X X          H I X H W
```

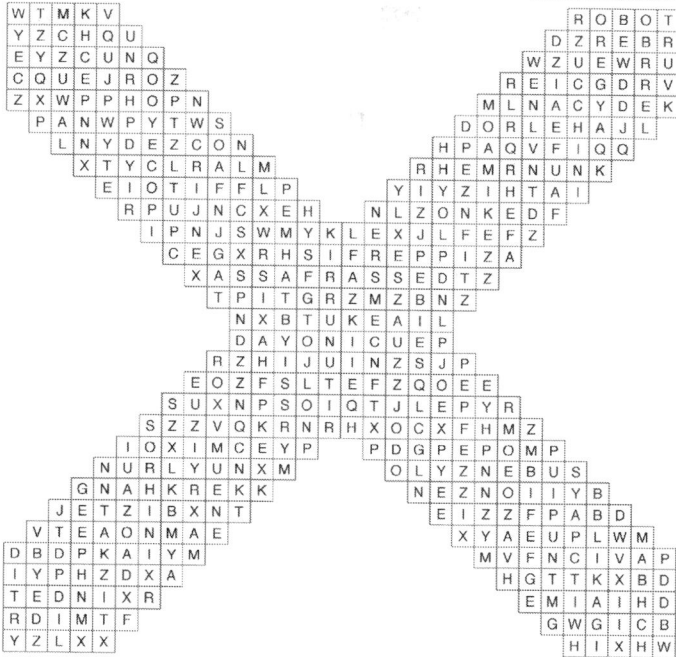

1. XANTIPPE
2. XASSAFRASSED
3. X-DRESSING
4. XENEROTICA
5. XENOFUCKIC
6. XENOPHILIA
7. XERIC
8. X-FACTOR
9. X-FRAME
10. XIPPIE
11. X-RATED
12. YANK
13. YEARN
14. YELLOW
15. YIELD
16. YKIOK
17. YONI
18. YOUNG
19. YUMMY
20. ZAFTIG
21. ZAPPER
22. ZAZZLE
23. ZELOPHILE
24. ZENTAI
25. ZEPPELINS
26. ZEUSOPHOBIA
27. ZINZANBRUCK
28. ZIPPER
29. ZIPPERFISH
30. ZONKED
31. ZOUZOUNE
32. ZUCCHINI
33. ZYGOTE

Thank you

Thank you for picking up the Dirty & Uncensored Word Searches.

I hope you found some enjoyment in the puzzles.

Please be on the lookout for future volumes coming soon.

Website: **www.illustriousillusions.com**
Facebook: **https://www.facebook.com/Illustrious-Illusions-320327314694950/**
Email: **reviews@illustriousillusions.com**

Answer Keys

A

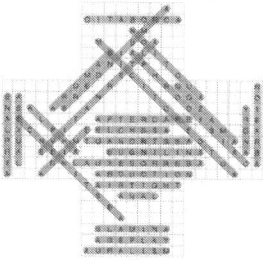

B

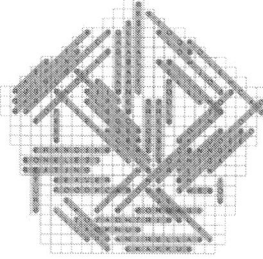

C

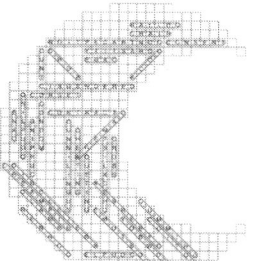

D

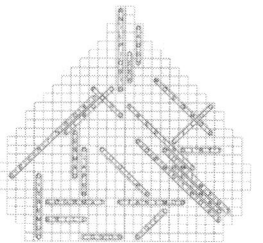

E

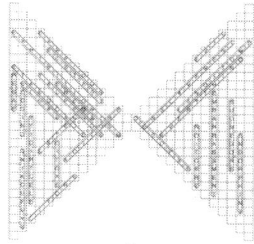

F

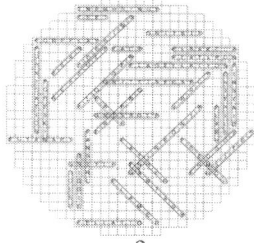

G

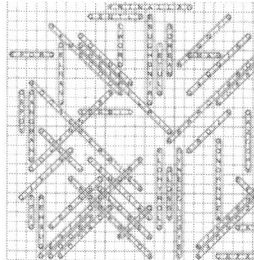

H

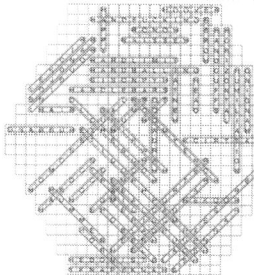

I

J

K

L

M

N

O

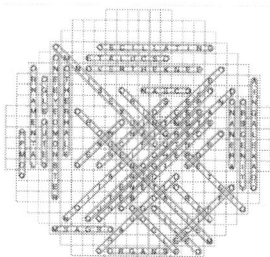

S

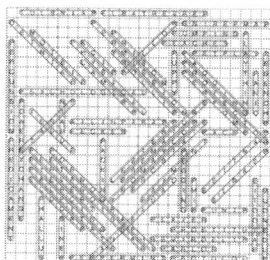

P

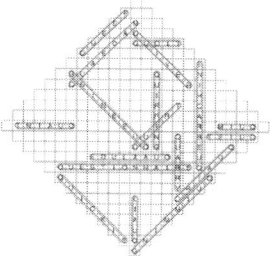

S

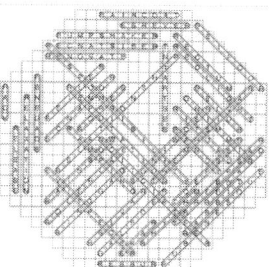

Q

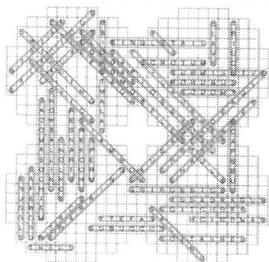

T

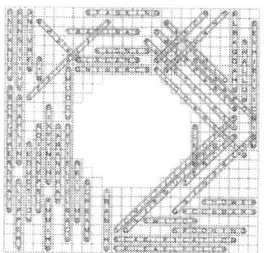

R

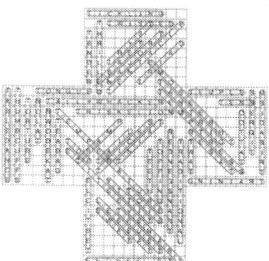

U

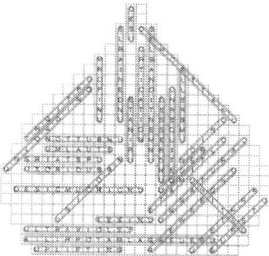

V

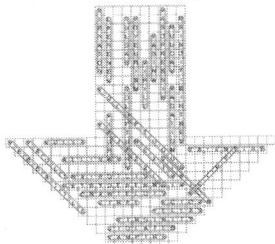

W

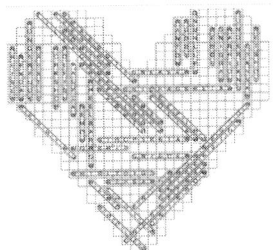

X, Y, & Z

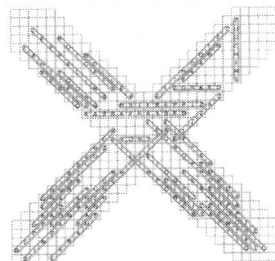

Made in the USA
Coppell, TX
17 January 2023